# DÉCRET IMPÉRIAL

RELATIF

## AUX CÉRÉMONIES PUBLIQUES,

### PRÉSÉANCES,

#### HONNEURS CIVILS ET MILITAIRES,

*Au palais de Saint-Cloud, le 24 messidor an XII.*

PRIX : 1 FR.

A METZ, chez VERRONNAIS, Imprimeur-Libraire
et Lithographe, rue des Jardins, 14.

A PARIS, chez DUMAINE, Libraire, rue et
passage Dauphine, 36.

—

**1849.**

# DÉCRET IMPÉRIAL

### RELATIF

## AUX CÉRÉMONIES PUBLIQUES,

### PRÉSÉANCES

### HONNEURS CIVILS ET MILITAIRES.

# DÉCRET IMPÉRIAL

### RELATIF

## AUX CÉRÉMONIES PUBLIQUES,

### PRÉSÉANCES,

#### HONNEURS CIVILS ET MILITAIRES,

*Au palais de Saint-Cloud, le 24 messidor an XII.*

## METZ,

#### IMPRIMERIE ET LITHOGRAPHIE DE VERRONNAIS,

RUE DES JARDINS, 44.

— 

### 1849.

# DÉCRET IMPÉRIAL

RELATIF

## aux Cérémonies publiques, Préséances, Honneurs civils et militaires.

AU PALAIS DE SAINT-CLOUD, LE 24 MESSIDOR AN XII.

NAPOLÉON, par la grâce de Dieu, et par les constitutions de l'Empire, EMPEREUR DES FRANÇAIS.

Le Conseil d'État entendu, décrète :

## PREMIÈRE PARTIE.

### DES RANGS ET PRÉSÉANCES.

## TITRE PREMIER.

*Des Rangs et Séances des diverses Autorités dans les Cérémonies publiques.*

SECTION PREMIÈRE. — *Dispositions générales.*

### ARTICLE PREMIER.

Ceux qui, d'après les ordres de l'EMPEREUR, devront assister aux cérémonies publiques, y prendront rang et séance dans l'ordre qui suit :

Les princes français.

Les grands dignitaires.

Les cardinaux.

Les ministres.

Les grands-officiers de l'empire.

Les sénateurs dans leur sénatorerie.

Les conseillers d'état en mission.

Les grands-officiers de la légion d'honneur, lorsqu'ils n'auront point de fonctions publiques qui leur assignent un rang supérieur.

Les généraux de division commandant une division territoriale, dans l'arrondissement de leur commandement.

Les premiers présidents des cours d'appel.

Les archevêques.

Le président du collége électoral de département, pendant la tenue de la session, et pendant les dix jours qui précèdent l'ouverture et qui suivent la clôture.

Les préfets.

Les présidents des cours de justice criminelle.

Les généraux de brigade commandant un département.

Les évêques.

Les commissaires-généraux de police.

Le président du collége électorale d'arrondissement, pendant la tenue de la session, et pendant les dix jours qui précèdent l'ouverture et qui suivent la clôture.

Les sous-préfets.

Les présidents des tribunaux de première instance.

Le président du tribunal de commerce.

Les maires.

Les commandants d'armes.

Les présidents des consistoires.

Les préfets conseillers d'état prendront leur rang de conseillers d'état.

Lorsqu'en temps de guerre, ou pour toute autre raison, S. M. jugera à propos de nommer des gouverneurs de places fortes, le rang qu'ils doivent avoir sera réglé.

2. Le sénat, le conseil d'état, le corps législatif, le tribunat, la cour de cassation, n'auront rang et séance que dans les cérémonies publiques auxquelles ils auront été invités par lettre closes de S. M.

Il en sera de même des corps administratifs et judiciaires, dans les villes où l'EMPEREUR sera présent.

Dans les autres villes, les corps prendront les rangs réglés ci-après.

3. Dans aucun cas, les rangs et honneurs accordés à un corps n'appartiendront individuellement aux membres qui le composent.

4. Lorsqu'un corps ou un des fonctionnaires dénommés dans l'article I.er invitera, dans le local destiné à l'exercice de ses fonctions, d'autres corps ou fonctionnaires publics pour y assister à une cérémonie, le corps ou le fonctionnaire qui aura fait l'invitation y conservera sa place ordinaire, et les fonctionnaires invités garderont entre eux les rangs assignés par l'article I.er du présent titre.

SECTION II. — *Des Invitations aux Cérémonies publiques.*

Les ordres de l'EMPEREUR, pour la célébration des cérémonies publiques, seront adressés aux archevêques et évêques pour les cérémonies religieuses, et aux préfets pour les cérémonies civiles.

6. Lorsqu'il y aura dans le lieu de la résidence du fonctionnaire auquel les ordres de

l'Empereur seront adressés, une ou plusieurs personnes désignées avant lui dans l'article I.er, celui qui aura reçu lesdits ordres se rendra chez le fonctionnaire auquel la préséance est due, pour convenir du jour et de l'heure de la cérémonie.

Dans le cas contraire, ce fonctionnaire convoquera chez lui, par écrit, ceux des fonctionnaires placés après lui dans l'ordre des préséances, dont le concours sera nécessaire pour l'exécution des ordres de l'Empereur.

SECTION III. — *De l'ordre suivant lequel les Autorités marcheront dans les Cérémonies publiques.*

7. Les autorités appelées aux cérémonies publiques se réuniront chez la personne qui doit y occuper le premier rang.

8. Les princes, les grands dignitaires de l'empire et les autres personnes désignées en l'article I.er de la section I.re du présent titre, marcheront dans les cérémonies suivant l'ordre des préséances indiquées audit article, de sorte que la personne à laquelle la préséance sera due, ait toujours à sa droite celle qui doit

occuper le second rang, à sa gauche celle qui doit occuper le troisième, et ainsi de suite.

Ces trois personnes forment la première ligne du cortége.

Les trois personnes suivantes, la deuxième ligne.

Les corps marcheront dans l'ordre suivant.

Les membres des cours d'appel.

Les officiers de l'état-major de la division, non compris deux aides-de-camp du général, qui le suivront immédiatement.

Les membres des cours criminelles.

Les conseils de préfectures, non compris le secrétaire-général, qui accompagnera le préfet.

Les membres des tribunaux de première instance.

Le corps municipal.

Les officiers de l'état-major de la place.

Les membres du tribunal de commerce.

Les juges de paix.

Les commissaires de police.

SECTION IV. — *De la manière dont les diverses Autorités seront placées dans les Cérémonies.*

9. Il y aura au centre du local destiné aux

cérémonies civiles et religieuses, un nombre de fauteuils égal à celui des princes dignitaires, ou membres des autorités nationales présents qui auront droit d'y assister. Aux cérémonies religieuses, lorsqu'il y aura un prince ou un grand dignitaire, on placera devant lui un prie-dieu avec un tapis et un carreau; en l'absence de tout prince, dignitaire ou membre des autorités nationales, le centre sera réservé, et personne ne pourra s'y placer.

Les généraux de division commandant les divisions territoriales,

Les premiers présidents des cours d'appels, et les archevêques, seront placés à droite.

Les préfets,

Les présidents des cours criminelles,

Les généraux de brigade commandant les départements,

Les évêques seront placés à gauche.

Le reste du cortége sera placé en arrière.

Les préfets conseillers d'état prendront leur rang de conseiller d'état.

Ces fonctionnaires garderont entre eux les rangs qui leur sont respectivement attribués.

10. Lorsque, dans les cérémonies religieuses, il y aura impossibilité absolue de placer dans le chœur de l'église la totalité des membres des corps invités, lesdits membres seront placés dans la nef, et dans un ordre analogue à celui des chefs.

11. Néanmoins, il sera réservé, de concert avec les évèques ou les curés et les autorités civiles et militaires, le plus de stalles qu'il sera possible ; elles seront destinées de préférence aux présidents et procureurs impériaux des cours ou tribunaux, aux principaux officiers de l'état-major de la division et de la place, à l'officier supérieur de gendarmerie et aux doyen et membres des conseils de préfecture.

12. La cérémonie ne commencera que lorsque l'autorité qui occupera la première place aura pris séance.

Cette autorité se retirera la première.

13. Il sera fourni aux autorités réunies pour les cérémonies, des escortes de troupes de ligne, ou de gendarmerie, selon qu'il sera réglé au titre des honneurs militaires.

# SECONDE PARTIE.

## DES HONNEURS CIVILS ET MILITAIRES.

## TITRE II.

### *Saint-Sacrement.*

### ARTICLE PREMIER.

Dans les villes où, en exécution de l'art. **XLV** de la loi du 18 germinal an **X**, les cérémonies religieuses pourront avoir lieu hors des édifices consacrés au culte catholique, lorsque le saint-sacrement passera à la vue d'une garde ou d'un poste, les sous-officiers et soldats prendront les armes, les présenteront, mettront le genou droit en terre, inclineront la tête, porteront la main droite au chapeau, mais resteront couverts. Les tambours battront aux champs ; les officiers se mettront à la tête de leur troupe, salueront de l'épée, porteront la main gauche au chapeau, mais resteront couverts ; le drapeau saluera.

Il sera fourni du premier poste devant lequel passera le saint-sacrement, au moins deux fusiliers pour son escorte. Ces fusiliers seront relevés de poste en poste, marcheront couverts prés du saint-sacrement, l'arme dans le bras droit.

Les gardes de cavalerie monteront à cheval, mettront le sabre à la main; les trompettes sonneront la marche; les officiers, les étendards et guidons salueront.

2. Si le saint-sacrement passe devant une troupe sous les armes, elle agira ainsi qu'il vient d'être ordonné aux gardes ou postes.

3. Une troupe en marche fera halte, se formera en bataille, et rendra les honneurs prescrits ci-dessus.

4. Aux processions du saint-sacrement, les troupes seront mises en bataille sur les places où la procession devra passer. Le poste d'honneur sera à la droite de la porte de l'église par laquelle la procession sortira. Le régiment d'infanterie qui portera le premier numéro prendra la droite; celui qui portera le second, la gauche; les autres régiments se formeront ensuite alternativement à droite et à gauche. Les régiments d'artillerie à pied occuperont le centre de l'infanterie.

Les troupes à cheval viendront après l'infanterie. Les carabiniers prendront la droite, puis les cuirassiers, ensuite les dragons, chasseurs et hussards.

Les régiments d'artillerie à cheval occuperont le centre des troupes à cheval.

La gendarmerie marchera à pied entre les fonctionnaires publics et les assistants.

Deux compagnies de grenadiers escorteront le saint-sacrement; elles marcheront en file, à droite et à gauche du dais. A défaut de grenadiers, une escorte sera fournie par l'artillerie ou par des fusiliers; et à défaut de ceux-ci, par des compagnis d'élite des troupes à cheval, qui feront le service à pied.

La compagnie du régiment portant le premier numéro occupera la droite du dais; celle du second la gauche.

Les officiers resteront à la tête des files. Les sous-officiers et soldats porteront le fusil sur le bras droit.

5. L'artillerie fera trois salves pendant le temps que durera la procession, et mettra en bataille sur les places ce qui ne sera pas nécessaire pour la manœuvre du canon.

# TITRE III.

## *Sa Majesté impériale.*

**SECTION PREMIÈRE.** — *Honneurs militaires.*

### ARTICLE PREMIER.

Lorsque sa Majesté impériale devra entrer dans une place, toute la garnison prendra les armes. La moitié de l'infanterie sera mise en bataille sur le glacis, à droite et à gauche de la porte par laquelle sa Majesté devra entrer, et l'autre moitié sur les places que sa Majesté devra traverser; les sous-officiers et soldats présenteront les armes; les officiers et les drapeaux salueront; les tambours battront aux champs.

Toute la cavalerie ira au-devant de sa Majesté impériale jusqu'à une demi-lieue de la place, et l'escortera jusqu'à son logis.

Les officiers et les étendards salueront.

Les trompettes sonneront la marche.

2. Lorsque sa Majesté impériale arrivera dans un camp, si l'on a été prévenu de son arrivée, toutes les troupes se mettront en bataille en avant du front de bandière, et

rendront les honneurs prescrits article premier. La plus ancienne brigade de cavalerie se portera au-devant de sa Majesté impériale jusqu'à une demi-lieue du camp. Les gardes et piquets prendront les armes ou monteront à cheval.

3. Dans le cas où sa Majesté impériale arrivera ou passera inopinément dans un camp, les gardes et piquets prendront les armes ou monteront à cheval : les officiers se porteront promptement sur le front de bandière; les sous-officiers et soldats s'y rendront de même avec promptitude et sans armes; ils s'y formeront en bataille, et y resteront jusqu'à nouvel ordre.

4. On regardera comme le poste d'honneur le côté qui sera à droite en sortant du logis de sa Majesté impériale; mais si l'EMPEREUR ne loge pas dans la place, et qu'il ne fasse que la traverser, le poste d'honneur sera à la droite de la porte de la ville par laquelle sa Majesté impériale entrera.

5. Les officiers généraux employés, s'il y en a dans la place, se mettront à la tête des troupes.

Le gouverneur de la place, s'il en a été nommé un pour commander en cas de siége, le commandant d'armes et les autres officiers de l'état-major de la place, se trouveront à la première barrière pour en présenter les clefs à sa Majesté impériale.

6. Le maire et les adjoints, accompagnés par une garde d'honneur de trente hommes au moins, fournie par la garde nationale sédentaire, se rendront à cinq cents pas environ hors de la place, pour présenter les clefs de la ville à sa Majesté.

7. Il sera fait trois salves de toute l'artillerie de la place, après que sa Majesté impériale aura passé les ponts.

Il en sera de même de toute l'artillerie d'un camp de paix, et non à la guerre, à moins d'un ordre formel.

8. Si sa Majesté impériale s'arrête dans la place ou dans le camp, et quoique les troupes de sa garde soient près de sa personne, les régiments d'infanterie de la garnison, à commencer par le premier numéro, fourniront chacun à leur tour une garde composée d'un

bataillon avec son drapeau, et commandée par le colonel.

9. Il sera mis pareillement devant le logis de sa Majesté impériale, un escadron de cavalerie de la garnison, commandé par le colonel; cet escadron fournira deux vedettes, le sabre à la main, devant la porte de sa Majesté. Les escadrons de la garnison le relèveront chacun à leur tour, suivant l'ordre prescrit art. 4 du titre 2.

10. Dès que l'Empereur sera arrivé, les colonels qui commanderont ladite garde prendront les ordres et la consigne du grand maréchal de la cour, ou de celui qui en fera les fonctions. Si sa Majesté impériale conserve tout ou partie de cette garde, elle sera particulièrement destinée à fournir des sentinelles autour du logis de sa Majesté.

11. Lorsque sa Majesté impériale sortira de la place, l'infanterie sera disposée ainsi qu'il est dit article premier.

La cavalerie se portera sur son passage hors la place, pour la suivre jusqu'à une demi-lieue de la barrière.

Dès que sa Majesté impériale en sera sortie, on la saluera par trois décharges de toute l'artillerie.

12. Si sa Majesté impériale passe devant des troupes en bataille, l'infanterie présentera les armes ; les officiers salueront, ainsi que les drapeaux ; les tambours battront aux champs. Dans la cavalerie, les étendards, les guidons et les officiers salueront ; les trompettes sonneront la marche.

13. Si sa Majesté impériale passe devant une troupe en marche, cette troupe s'arrêtera, se formera en bataille, si elle n'y est pas, et rendra à sa Majesté les honneurs prescrits ci-dessus.

14. Si sa Majesté impériale passe devant un corps-de-garde, poste ou piquet, les troupes prendront les armes et les présenteront ; les tambours battront aux champs.

La cavalerie montera à cheval et mettra le sabre à la main ; les trompettes sonneront la marche.

Les officiers salueront de l'épée ou du sabre.

Les sentinelles présenteront les armes.

15. Pendant le temps que sa Majesté impériale restera dans une place ou camp, elle donnera le mot d'ordre. Si le ministre de la guerre est présent, c'est lui qui recevra l'ordre et le rendra aux troupes; en son absence, ce sera le colonel-général de la garde de service, à moins que le corps de troupe ne soit commandé par un maréchal de l'empire, qui dans ce cas le recevra directement.

16. Lorsque sa Majesté impériale recevra les officiers de la garnison ou du camp, chaque corps lui sera présenté, en l'absence du connétable et du ministre de la guerre, par le colonel-général de la garde de service, à qui les corps s'adresseront à cet effet.

17. Lors des voyages de l'Empereur, la gendarmerie nationale de chaque arrondissement sur lequel sa Majesté passera, se portera sur la grande route au point le plus voisin de sa résidence, et s'y mettra en bataille.

18. Un officier supérieur ou subalterne de gendarmerie, pris parmi ceux employés dans le département, pourra précéder à cheval immédiatement la voiture de sa Majesté. Cette

voiture pourra être immédiatement suivie par deux officiers ou sous-officiers de la gendarmerie du département, marchant après le piquet de la garde.

19. Lorsque le général de la division dans laquelle l'Empereur se trouvera, accompagnera sa Majesté, il se placera et marchera près la portière de gauche; les autres places autour de la voiture de sa Majesté seront occupées par les officiers du palais ou de la garde impériale, et autres personnes que sa Majesté aura spécialement nommées pour l'accompagner.

20. Il ne sera rendu aucuns honneurs, ni civils ni militaires, à aucun officier civil ou militaire à Paris, et dans les lieux ou se trouvera l'Empereur, pendant tout le temps de sa résidence et pendant les vingt-quatre heures qui précéderont son arrivée, et les vingt-quatre heures qui suivront son départ.

SECTION II. — *Honneurs civils.*

21. Dans les voyages que sa Majesté fera, et qui auront été annoncés par les ministres, sa réception aura lieu de la manière suivante.

22. Le préfet viendra, accompagné d'un détachement de gendarmerie et de la garde nationale du canton, la recevoir sur la limite du département.

Chaque sous-préfet viendra pareillement la recevoir sur la limite de son arrondissement.

Les maires des communes l'attendront, chacun sur la limite de leurs municipalités respectives. Ils seront accompagnés de leurs adjoints, du conseil municipal et d'un détachement de la garde nationale.

23. A l'entrée de l'EMPEREUR dans chaque commune, toutes les cloches sonneront; si l'église se trouve sur son passage, le curé ou desservant se tiendra sur la porte, en habits sacerdotaux, avec son clergé.

24. Dans les villes où sa Majesté s'arrêtera ou séjournera, les autorités et les fonctionnaires civils et judiciaires seront avertis de l'heure à laquelle l'EMPEREUR leur accordera audience, et présentés à sa majesté par l'officier du palais à qui ces fonctions sont attribuées.

25. Ils seront admis devant elle dans l'ordre

des préséances établi article I.<sup>er</sup> de la première partie.

26. Tous fonctionnaires ou membres de corporation non compris dans l'article précité, ne seront point admis, s'ils ne sont mandés par ordre de sa Majesté impériale ou sans sa permission spéciale.

27. Lorsque sa Majesté impériale aura séjourné dans une ville, les mêmes autorités qui l'auront reçue à l'entrée se trouveront à sa sortie, pour lui rendre leurs hommages, si elle sort de jour.

28. Les honneurs, soit civils, soit militaires, à rendre à l'impératrice, sont les mêmes que ceux qui seront rendus à l'Empereur, à l'exception de la présentation des clefs, et de tout ce qui est relatif au commandement et au mot d'ordre.

## TITRE IV.

*Prince impérial.*

### ARTICLE PREMIER.

Les honneurs à rendre au prince impérial, lorsqu'il n'accompagnera pas sa Majesté l'Empereur, seront déterminés par un décret particulier; il en sera de même de ceux à lui rendre quand l'Empereur sera présent.

*Le Régent.*

2. Le régent recevra les mêmes honneurs que les princes français.

# TITRE V.

*Prince français.*

**SECTION PREMIÈRE.** — *Honneurs militaires.*

### ARTICLE PREMIER.

Les honneurs d'entrée et de sortie d'une place ou d'un camp, qui doivent être rendus aux princes, aux grands dignitaires, ministres, grands-officiers de l'empire, en vertu des dispositions contenues dans les titres suivants, ne le seront jamais qu'en exécution d'un ordre spécial, adressé par le ministre de la guerre aux généraux commandant les divisions ou les armées.

2. Quand les princes passeront dans une place, toute la garnison prendra les armes; un quart de l'infanterie sera mis en bataille

hors de la porte par laquelle ils devront entrer; le reste sera disposé sur les places qu'ils devront traverser, et présentera les armes au moment de leur passage.

Moitié de la cavalerie ira au devant d'eux jusqu'à un quart de lieu de la place, et les escortera jusqu'à leur logis; le reste de la cavalerie sera mis en bataille sur leur passage.

Les drapeaux, étendards ou guidons, et les officiers supérieurs, salueront.

L'état-major les recevra à la barrière, mais ne leur présentera pas les clefs; cet honneur étant uniquement réservé à sa Majesté impériale.

3. Ils seront salués à leur entrée et à leur sortie de la place, par vingt-un coups de canon.

4. Ils auront une garde de cent hommes avec un drapeau, commandée par un capitaine, un lieutenant et un sous-lieutenant. La garde sera à leur logis avant leur arrivée. Elle sera fournie le premier jour par le régiment qui portera le premier numéro, et ensuite par les autres à tour de rôle.

5. Quand les princes arriveront dans un camp, si l'on a été prévenu du moment de

leur arrivée, l'infanterie et la cavalerie se mettront en bataille, en avant du front de bandière : le plus ancien régiment de cavalerie se portera au-devant d'eux, les gardes et les piquets prendront les armes et monteront à cheval.

6. Dans le cas où les princes arriveront ou passeront inopinément dans un camp, les gardes ou piquets prendront les armes ou monteront à cheval ; les officiers se porteront promptement sur le front de bandière ; les sous-officiers et soldats sortiront de leurs tentes et borderont la haie dans la rue du camp, et y resteront jusqu'à nouvel ordre.

7. Si les princes arrivent devant une troupe en bataille, l'infanterie présentera les armes ; la cavalerie mettra le sabre à la main ; les officiers supérieurs, les drapeaux, étendards ou guidons salueront ; les tambours battront aux champs ; les trompettes sonneront la marche.

8. Si les princes passent devant une troupe en marche, la troupe s'arrêtera, se formera en bataille si elle n'y est point, et rendra les honneurs ci-dessus prescrits.

9. S'ils passent devant un corps-de-garde, poste ou piquet, les soldats prendront les armes et les porteront ; les tambours battront aux champs ; la cavalerie montera à cheval et mettra le sabre à la main ; les trompettes sonneront la marche ; les sentinelles présenteront les armes.

10. Il leur sera fait des visites de corps en grande tenue ; l'officier-général le plus élevé en grade, ou à son défaut le commandant de la place, prendra leurs ordres pour la réception des corps, et les présentera.

Le mot d'ordre sera porté aux princes par un officier de l'état-major-général de l'armée, et dans les places par un adjudant de place.

11. Lorsque les princes feront partie du corps de troupes qui composeront un camp ou formeront une garnison, ils ne recevront plus, à dater du lendemain de leur arrivée jusqu'à la veille de leur départ, que les honneurs dus à leur grade militaire.

12. Lorsque les princes quitteront une place ou un camp, ils recevront les mêmes honneurs qu'à leur entrée.

## SECTION II. — *Honneurs civils.*

13. Lorsque les princes voyageront dans les départements, et qu'il aura été donné avis officiel de leur voyage par les ministres, il leur sera rendu les honneurs ci-après.

14. Les maires et adjoints les recevront à environ deux cent cinquante pas en avant de l'entrée de leur commune, et si les princes doivent s'y arrêter ou y séjourner, les maires les conduiront au logement qui leur aura été destiné. Dans les villes, un détachement de la garde nationale ira à leur rencontre à deux cent cinquante pas en avant du lieu où le maire les attendra.

15. Dans les chefs-lieux du département ou d'arrondissement, les préfets ou sous-préfets se rendront à la porte de la ville pour les recevoir.

16. Ils seront complimentés par les fonctionnaires et autorités mentionnées au titre premier, article premier.

Les cours d'appel s'y rendront seulement par députation, composée du premier prési-

2*

dent, du procureur-général-impérial, et de la moitié des juges. Les autres cours et tribunaux s'y rendront en corps.

17. Lorsqu'ils sortiront d'une ville dans laquelle ils auront séjourné, les maires et adjoints se trouveront à la porte par laquelle ils devront sortir accompagnés d'un détachement de la garde nationale.

## TITRE VI.

### *Des grands Dignitaires de l'Empire.*

Les grands dignitaires de l'empire recevront dans les mêmes circonstances, les mêmes honneurs civils et militaires que les princes.

## TITRE VII.

### *Des Ministres.*

**SECTION PREMIÈRE.** — *Honneurs militaires.*

#### ARTICLE PREMIER.

Les ministres recevront les honneurs suivants :

1.º Ils seront salués de quinze coups de canon.

2.º Un escadron de cavalerie ira à leur rencontre à un quart de lieue de la place ; elle sera commandée par un officier supérieur, et les escortera jusqu'à leur logis. Ils seront salués par les officiers et les étendards de cet escadron, et les trompettes sonneront la marche.

3.º La garnison prendra les armes, sera rangée sur les places qu'ils devront traverser, et présentera les armes au moment de leur passage.

4.º Ils auront une garde d'infanterie, composée de soixante hommes avec un drapeau, commandé par un capitaine et un lieutenant. Cette garde sera placée avant leur arrivée. Le commandant de la place ira les recevoir à la barrière.

Le tambour de la garde battra aux champs, et la troupe présentera les armes.

5.º Les postes, gardes ou piquets d'infanterie devant lesquels ils passeront, prendront et porteront les armes : ceux de cavalerie monteront à cheval, et mettront le sabre à la main ; les sentinelles présenteront les armes ; les tambours battront aux champs; les trompettes sonneront la marche.

6.° Il leur sera fait des visites de corps en grande tenue.

7.° Ils seront salués et reconduits à leur sortie, ainsi qu'il a été dit pour leur entrée.

2. Le ministre de la guerre recevra de plus les honneurs suivants :

Il sera tiré, pour le ministre de la guerre, dix-neuf coups de canon.

Le quart de la cavalerie ira jusqu'à une demi-lieue au-devant de lui.

Sa garde sera composée de quatre-vingts hommes, commandés par trois officiers, et sera composée de grenadiers.

Il sera tiré pour le ministre-directeur, dix-sept coups de canon. Sa garde sera de quatre-vingts hommes, commandée par trois officiers, mais composée de fusiliers.

Le ministre de la guerre aura un officier d'ordonnance de chaque corps. Cet officier sera pris parmi les lieutenants. Le ministre-directeur en aura un aussi de chaque corps, pris parmi les sous-lieutenants.

Le ministre de la guerre donnera le mot d'ordre en l'absence de l'EMPEREUR. Il sera porté au ministre-directeur, au camp par un officier d'état-major, et dans les places par un adjudant de place.

Le ministre de la marine recevra dans les chefs-lieux d'arrondissement maritime, les mêmes honneurs que le ministre de la guerre.

### SECTION II. — *Honneurs civils.*

3. Les ministres recevront dans les villes de leur passage, les mêmes honneurs que les grands dignitaires de l'empire, sauf les exceptions suivantes :

Les maires, pour les recevoir, les attendront à la porte de la ville.

Le détachement de la garde nationale ira au-devant d'eux à l'entrée du faubourg, ou s'il n'y en a point, à cent cinquante pas en avant de la porte.

4. Les cours d'appel les visiteront par une députation composée d'un président, du procureur-général, ou substitut, du quart des juges.

Les autres cours et tribunaux s'y rendront par députation, composée de la moitié de la cour ou du tribunal.

Pour le grand-juge, ministre de la justice, les députations des tribunaux seront semblables à celles déterminées pour les princes et grands dignitaires.

Les maires et adjoints iront, au moment de leur départ, prendre congé d'eux dans leur logis.

## TITRE VIII.

### *Des grands Officiers d'Empire.*

**SECTION PREMIÈRE.** — *Honneurs militaires.*

#### ARTICLE PREMIER.

Les maréchaux d'empire dont les voyages auront été annoncés par le ministre de la guerre, recevront, dans l'étendue de leur commandement, les honneurs suivants :

1.º Ils seront salués de treize coups de canon.

2.º Un escadron ira à leur rencontre à un quart de lieue de la place, et les escortera jusqu'à leur logis; ils seront salués par les officiers supérieurs et l'étendart de cet escadron; les trompettes sonneront la marche.

3.° La garnison prendra les armes et sera rangée sur les places qu'ils devront traverser et présentera les armes. Les officiers supérieurs, étendards et drapeaux, salueront.

4.° Ils auront une garde de cinquante hommes, commandée par un capitaine et un lieutenant. Elle sera placée avant leur arrivée, et aura un drapeau. Le commandant de la place ira les recevoir à la barrière.

5.° Les postes, gardes et piquets sortiront, porteront les armes ou monteront à cheval; les sentinelles présenteront les armes, les tambours batteront aux champs, et les trompettes sonneront la marche.

6.° Il leur sera fait des visites de corps en grande tenue. Ils donneront le mot d'ordre.

7.° A leur sortie ils seront traités comme à leur entrée.

2. Les maréchaux d'Empire voyageant hors leur commandement, et dont le voyage aura été annoncé par le ministre de la guerre, re-

cevront les honneurs prescrits article premier, mais avec les modifications suivantes :

Ils ne seront salués que de onze coups de canon ; une seule compagnie de cavalerie, commandée par le capitaine, ira à leur rencontre.

Le commandant de la place ira les recevoir chez eux. Le mot d'ordre leur sera porté au camp par un officier de l'état-major, et dans les places par un adjudant de place.

3. Les grands-officiers d'empire, colonels ou inspecteurs généraux, recevront les honneurs suivants :

Ils seront reçus comme les maréchaux d'empire voyageant hors de leur commandement, avec cette différence, que les troupes ne présenteront point les armes, que les officiers supérieurs et drapeaux ne salueront point, et qu'il ne sera tiré que sept coups de canon ; mais ils trouveront tous les corps de leur arme en bataille devant leur logis ; ces corps les salueront, et laisseront une vedette si c'est de la cavalerie, et une sentinelle si c'est de l'infanterie.

4. Les grands-officiers civils seront reçus comme les grands-officiers de l'empire, colonels ou inspecteurs-généraux ; mais ils ne seront salués que de cinq coups de canon, et leur garde ne sera placée qu'après leur arrivée.

5. Lorsque les colonels, inspecteurs-généraux et les autres grands-officiers civils feront partie d'un camp ou d'une garnison, ils ne recevront plus, à dater du lendemain de leur arrivée, et jusqu'à la veille de leur départ, que les honneurs affectés à leur grade militaire.

Ils recevront le jour de leur départ les mêmes honneurs qu'à celui de leur arrivée.

SECTION II.— *Honneurs civils.*

6. Les grands-officiers de l'empire recevront les honneurs suivants :

Les maires et adjoints se trouveront à leur logis avant leur arrivée.

Ils trouveront à l'entrée de la ville un détachement de la garde nationale sous les armes.

5

Les cours d'appel, autres cours et tribunaux, se rendront chez eux de la même manière que chez les ministres.

Les maires et adjoints iront prendre congé d'eux dans leur logis, au moment de leur départ.

7. Les maréchaux d'empire recevront, dans l'étendue de leur commandement, les mêmes honneurs civils que les ministres.

## TITRE IX.
### *Le Sénat.*

**SECTION PREMIÈRE.** — *Honneurs militaires.*

#### ARTICLE PREMIER.

Lorsque le sénat en corps se rendra chez sa Majesté impériale, ou à quelque cérémonie il lui sera fourni une garde de cent hommes à cheval, qui seront divisés en avant, en arrière et sur les flancs du cortége; à défaut de cavalerie, cette garde sera fourni par l'infanterie.

2. Les corps-de-garde, postes ou piquets

prendront les armes ou monteront à cheval à son passage.

3. S'il passe devant une troupe en bataille, les officiers supérieurs salueront.

4. Les sentinelles présenteront les armes, et les tambours rappelleront.

5. Lorsque les sénateurs voudront faire leur entrée d'honneur dans le chef-lieu de leur sénatorerie, ce qu'ils ne pourront faire qu'une fois seulement, le ministre de la guerre donnera ordre de leur rendre les honneurs suivants :

6. Ils entreront dans une place en voiture, accompagnés de leur suite.

7. Le commandant de la place se trouvera à la barrière pour les recevoir et les accompagner.

8. Les troupes seront en bataille sur leur passage ;

Les officiers supérieurs salueront ;

Les tambours rappelleront ;

On tirera cinq coups de canon, et de même à leur sortie.

9. Il sera envoyé au-devant d'eux, à un

quart de lieue, un détachement de vingt hommes de cavalerie, commandé par un officier avec un trompette, qui les escortera jusqu'à leur logis. Outre ce détachement, il sera envoyé à leur rencontre quatre brigades de gendarmerie, commandées par un lieutenant. Le capitaine de la gendarmerie se trouvera à la porte de la ville et les accompagnera.

10. Il leur sera donné une garde de trente hommes, commandée par un lieutenant. Le tambour rappellera.

Il sera placé deux sentinelles à la porte de leur logis.

11. Les postes ou gardes devant lesquels ils passeront, prendront et porteront les armes ou monteront à cheval ; les tambours ou trompettes rappelleront ; les sentinelles présenteront les armes.

12. Il leur sera fait des visites de corps.

13. Les honneurs attribués par les articles 6, 7 et 8, leur seront rendus lors de leur première entrée dans toutes les places de l'arrondissement de leur sénatorerie. Toutes les fois qu'ils viendront dans le chef-lieu,

après leur première entrée, on leur rendra les honneurs prescrits articles 10, 11 et 12.

14. Les sentinelles feront face, et présenteront les armes à tout sénateur qui passera à leur portée revêtu de son costume.

### SECTION II. — *Honneurs civils.*

15. Les sénateurs allant prendre possession de leur sénatorerie, recevront, dans les villes du ressort du tribunal d'appel dans l'étendue duquel elle sera placée et où ils s'arrêteront, les honneurs suivants :

Un détachement de la garde nationale sera sous les armes à la porte de la ville.

Les maires et adjoints se trouveront à leur logis avant leur arrivée.

Ils seront visités immédiatement après leur arrivée par toutes les autorités nommées après eux dans le titre des préséances.

Les cours d'appel s'y rendront par une députation composée d'un président, du procureur-général et de quatre juges. Les autres cours et tribunaux, par une députation composée de la moitié de la cour ou tribunal.

S'ils séjournent vingt-quatre heures dans la ville, ils rendront en la personne des chefs des autorités ou corps dénommés dans le titre premier, les visites qu'ils auront reçues.

Les maires et adjoints iront prendre congé d'eux au moment de leur départ,

16. S'il se trouve dans la ville où le sénateur s'arrêtera, une personne ou une autorité nommée avant lui dans l'ordre des préséances, il ira lui faire une visite dès qu'il aura reçu celles qui lui sont dues.

17. Les sénateurs venant dans leur sénatorerie faire leur résidance annuelle, ne recevront d'honneurs civils que dans le chef-lieu de leur sénatorerie. Ils trouveront un détachement de la garde nationale à leur porte, les maires et adjoints dans leur logis. Les personnes ou autorités nommées après eux dans l'ordre des préséances, les visiteront dans les vingt-quatre heures, et ils rendront ces visites dans les vingt-quatre heures suivantes.

# TITRE X.
## *Le Conseil d'État.*

---

**SECTION PREMIÈRE. — *Honneurs militaires.***

---

### ARTICLE PREMIER.

Les conseillers-d'état en mission recevront, dans les chefs-lieux des départements où leur mission les appellera, d'après les ordres que le ministre de la guerre donnera, les honneurs attribués aux sénateurs lors de leur première entrée dans leur sénatorerie.

2. Il leur sera rendu dans les autres places de l'arrondissement où ils seront en mission, les honneurs fixés pour les sénateurs par les articles 10, 11 et 12 du titre IX.

3. Les sentinelles feront face et présenteront les armes à tout conseiller d'état qui passera à leur portée, revêtu de son costume.

**SECTION II. — *Honneurs civils.***

---

4. Il sera rendu aux conseillers d'état en mission les mêmes honneurs civils qu'aux sé-

nateurs lors de leur première entrée. Ils rendront les visites qu'ils auront reçues des autorités constituées, en la personne de leurs chefs, s'ils séjournent vingt-quatre heures dans la ville; ils feront, dans le même cas, des visites aux personnes désignées avant eux dans le titre des préséances.

## TITRE XI.

### *Grands-Officiers de la Légion-d'Honneur, Chefs de Cohorte.*

**SECTION PREMIÈRE.** — *Honneurs militaires.*

#### ARTICLE PREMIER.

Quand les grands-officiers de la légion d'honneur, chefs de cohorte, se rendront, pour la première fois, au chef-lieu de leur cohorte, ils seront reçus comme les sénateurs dans leur sénatorerie. Habituellement ces grands-officiers recevront, dans le chef-lieu de leur cohorte, les honneurs déterminés pour les sénateurs, par les articles 10, 11 et 12.

2. Les sentinelles présenteront les armes

aux grands-officiers et commandants de la légion d'honneur; ils les porteront pour les officiers et les légionnaires.

## SECTION II. — *Honneurs civils.*

3. Lorsque les grands-officiers, chefs de cohorte, se rendront, pour la première fois, au chef-lieu de la cohorte, il en sera de même que des sénateurs lors de leur première entrée.

Lorsqu'ils y reviendront ensuite, ils seront reçus comme les sénateurs venant faire leur résidence annuelle.

# TITRE XII.

### *Le Corps législatif et le Tribunat.*

#### ARTICLE PREMIER.

Lorsque le corps législatif et le tribunat se rendront en corps chez sa Majesté impériale, ou à quelque fête ou cérémonie publique, il leur sera fourni par la garnison une garde d'honneur pareille à celle déterminée pour le sénat.

3*

2. Lorsque ces corps passeront devant un corps-de-garde, poste ou piquet, la troupe prendra les armes, ou montera à cheval, pour y rester jusqu'à ce qu'ils soient passés.

L'officier qui commandera le poste sera à la tête et saluera.

3. Les sentinelles porteront les armes à tout membre du corps législatif ou du tribunat qui passera à leur portée revêtu de son costume.

# TITRE XIII.

## *Les Ambassadeurs français et étrangers.*

**SECTION PREMIÈRE. —** *Honneurs militaires.*

### ARTICLE PREMIER.

Il ne sera, sous aucun prétexte, rendu aucune espèce d'honneur militaire à un ambassadeur français ou étranger, sans l'ordre formel du ministre de la guerre.

2. Le ministre des relations extérieures se concertera avec le ministre de la guerre pour les honneurs à rendre aux ambassadeurs fran-

çais ou étrangers. Le ministre de la guerre donnera des ordres pour leur réception.

## SECTION II. — *Honneurs civils.*

3. Il en sera des honneurs civils pour les ambassadeurs français ou étrangers, ainsi qu'il est dit ci-dessus pour les honneurs militaires.

# TITRE XIV.

## *Les généraux de division.*

### SECTION PREMIÈRE. — *Honneurs militaires.*

#### ARTICLE PREMIER.

Les généraux de division commandant, en chef une armée ou un corps d'armée, recevront, dans toute l'étendue de l'empire, les honneurs fixés article 3 du titre VII, pour les maréchaux d'empire non employés; et dans l'étendue de leur commandement, les honneurs fixés article 2 du même titre, pour les maréchaux d'empire hors de leur commandement.

2. Les généraux de division commandant une division militaire territoriale, lorsqu'ils voudront faire leur entrée d'honneur dans les places, citadelles et châteaux de leur division, ce qu'ils ne pourront faire qu'une seule fois pendant le temps qu'ils y commanderont, en donneront avis aux généraux commandant dans les départements, et ceux-ci aux commandants d'armes, qui donneront l'ordre de leur rendre les honneurs militaires ci-après.

3. Ils entreront dans la place en voiture ou à cheval, à leur option.

4. Le commandant d'armes se trouvera à la barrière pour les accompagner.

5. Ils seront salués de cinq coups de canon.

6. La garnison se mettra en bataille sur leur passage. Celle du chef-lieu de département sera commandée par l'officier-général ou supérieur commandant le département. Les officiers supérieurs, les drapeaux et étendards les salueront : les troupes porteront les armes, les tambours et trompettes rappelleront. Ils seront reçus de la même manière la première et la dernière fois où ils verront les troupes,

pour les inspecter ou exercer. Dans les autres circonstances, ils ne seront salués ni par les officiers supérieurs, ni par les drapeaux ou étendards.

7. Il sera envoyé à un quart de lieue au-devant d'eux un détachement de trente hommes de cavalerie, commandé par un officier avec un trompette. Ce détachement les escortera jusqu'à leur logis.

8. On enverra à leur logis, après leur arrivée, une garnison de cinquante hommes, commandée par un capitaine et un lieutenant.

Le tambour rappellera.

9. Le gouverneur ou le commandant d'armes prendra l'ordre d'eux le jour de leur arrivée et celui de leur départ. Les autres jours, ils le donneront à l'adjudant de place.

10. Ils auront habituellement deux sentinelles à la porte de leur logis. Les sentinelles seront tirées des compagnies de grenadiers.

11. Les gardes ou postes des places ou quartiers, prendront les armes ou monteront à cheval quand ils passeront devant eux. Les tambours et trompettes rappelleront.

12. Ils donneront le mot d'ordre.

13. Il leur sera fait des visites de corps en grande tenue.

14. A leur sortie, il sera tiré cinq coups de canon.

15. Ils seront reconduits par un détachement de cavalerie pareil à celui qu'ils auront eu à leur arrivée.

16. Le commandant d'armes les suivra jusques à la barriére, et prendra d'eux le mot d'ordre.

17. Quand aprés un an et un jour d'absence, ils retourneront dans les places, aprés y avoir fait leur entrée d'honneur, ils y recevront les honneurs ci-dessus prescrits, sauf que les troupes ne prendront point les armes, et qu'on ne tirera point de canon.

18. Les généraux de division employés auront une garde de trente hommes, commandée par un lieutenant.

Le tambour rappellera

19. Les gardes ou postes des places ou quartiers, prendront les armes ou monteront à cheval quand ils passeront devant eux. Les

tambours et trompettes desdites gardes rappelleront.

20. Quand ils verront les troupes pour la première ou dernière fois, les officiers supérieurs salueront; les étendards et drapeaux ne salueront pas. Les tambours et trompettes rappelleront.

21. Il leur sera fait des visites de corps en grande tenue, et le mot d'ordre leur sera porté par un officier de l'état-major de l'armée ou de la place.

22. Ils auront habituellement à la porte de leur logis, deux sentinelles tirées des grenadiers.

23. Les généraux de division inspecteurs, recevront, pendant le temps de leur inspection seulement, les mêmes honneurs que les généraux de division employés.

SECTION II. — *Honneurs civils.*

24. Les généraux de division commandant une armée ou un corps d'armée, recevront, dans l'étendue de leur commandement, les honneurs civils attribués aux maréchaux d'empire, art. 7 du titre VIII.

25. Les généraux de division, commandant une division territoriale, recevront la visite du président du tribunal d'appel et de toutes les autres personnes ou chefs des autorités nommés après eux dans l'article des préséances. Ils rendront les visites dans les vingt-quatre heures.

Ils visiteront, dès le jour de leur arrivée, les personnes dénommées avant eux dans l'ordre des préséances. Ces visites leur seront rendues dans les vingt-quatre heures par les fonctionnaires employés dans les départements.

## TITRE XV.

### *Les Généraux de brigade.*

**SECTION PREMIÈRE.** — *Honneurs militaires.*

#### ARTICLE PREMIER.

Lorsque les généraux de brigade, commandant un département, feront leur entrée d'honneur dans les places, citadelles et châteaux de leur commandement, ce qu'ils ne pourront faire qu'une fois, ils en préviendront le général commandant la division, qui prescrira de leur rendre les honneurs déterminés pour les généraux de division commandant une division territoriale, excepté qu'il ne sera point tiré de canon, et qu'ils n'auront qu'une garde de trente hommes, commandée par un lieutenant, et que le tambour prêt à battre ne battra point. Il sera envoyé au-devant d'eux, à un quart de lieue de la place, une garde de cavalerie, composée de douze hommes, commandée par un maréchal-des-logis. Cette garde les escortera jusqu'à leur logis.

Lors de leur sortie, ils seront traités comme à leur entrée.

2. Quand les généraux, commandant un département, verront les troupes pour la première et dernière fois, les officiers supérieurs les salueront; les tambours seront prêts à battre, les trompettes à sonner.

3. Les gardes et postes prendront les armes et les porteront.

Les gardes à cheval monteront à cheval, et mettront le sabre à la main.

Les sentinelles présenteront les armes.

4. Ils auront habituellement à la porte de leur logis deux sentinelles tirées des fusiliers.

5. Il leur sera fait des visites de corps en grande tenue, et le mot d'ordre leur sera porté par un sergent.

6. Les généraux de brigades employés auront quinze hommes de garde, commandés par un sergent. Un tambour conduira cette garde, mais ne restera point.

Les gardes prendront et porteront les armes, ou monteront à cheval, et mettront le sabre à la main ; les tambours et trompettes seront prêts à battre ou à sonner.

Ils auront une sentinelle tirée des fusilliers. Il leur sera fait des visites de corps.

Quand ils verront les troupes pour la première et dernière fois, ils seront salués par les officiers supérieurs.

Le mot d'ordre leur sera porté par un sergent.

SECTION II. — *Honneurs civils.*

7. Les généraux de brigade commandant un département, recevront, dans les vingt-quatre heures de leur arrivée, la visite des personnes nommées après eux dans l'ordre des

préséances, et les rendront dans les vingt-
quatre heures suivantes.

Ils visiteront, dans les vingt-quatre heures
de leur arrivée, les personnes nommées avant
eux dans l'ordre des préséances ; les visites leur
seront rendues dans les vingt-quatre heures
suivantes, par les fonctionnaires employés dans
les départements.

## TITRE XVI.

### *Les Adjudants-commandants.*

**ARTICLE PREMIER.**

Les adjudants-commandants qui auront des
lettres de service de sa Majesté pour commander dans un département, auront une garde de
dix hommes, commandée par un caporal.

Cette garde et les postes, à leur passage, se
mettront en bataille et se reposeront sur les
armes. Le mot d'ordre leur sera porté par un
sergent.

2. Les adjudants-commandants, chefs d'état-
major d'une division, auront une sentinelle à
la porte du lieu où se tiendra leur bureau.

3. Toutes les sentinelles présenteront les armes aux adjudants-commandants.

4. Les adjudants-commandants qui auront des lettres de service de sa Majesté, pour commander dans un département, recevront la visite des commissaires généraux de police, et de toutes les personnes nommées après ces commissaires : ils rendront les visites dans les vingt-quatre heures; ils visiteront dans les mêmes vingt-quatre heures, les personnes nommées avant les commissaires de police, qui leur rendront la visite dans les vingt-quatre heures suivantes.

## TITRE XVII.

### *Les préfets.*

**SECTION PREMIÈRE.** — *Honneurs militaires.*

#### ARTICLE PREMIER.

Lorsqu'un préfet conseiller-d'état entrera, pour la première fois, dans le chef-lieu de son département, il y sera reçu par les troupes de ligne, d'après les ordres qu'en donnera le ministre de la guerre, comme un conseiller-d'état en mission; de plus, la gendarmerie de tout l'arrondissement du chef-lieu de la préfecture, ira à sa rencontre: elle sera commandée par le capitaine du département.

2. Lorsque le préfet ne sera point conseiller-d'état, la garnison prendra les armes; la gendarmerie ira à sa rencontre; mais on ne tirera point le canon, et la cavalerie de ligne n'ira point au-devant de lui.

3. Pendant tout le temps où un préfet sera en tournée, il sera, s'il est conseiller-d'état, accompagné par un officier de gendarmerie et et six gendarmes, et par un maréchal-des-logis et quatre gendarmes, s'il n'est point conseiller-d'état.

4. Lorsque les préfets entreront dans une autre ville que le chef-lieu de leur département, pendant leur tournée, les postes prendront les armes, les tambours seront prêts à battre.

5. Il sera établi un corps-de-garde à l'entrée de la préfecture. Cette garde sera proportionnée au service, et commandée par un sergent.

Elle sera fournie par les troupes de ligne;

en cas d'insuffisance, par les vétérans natio-
naux; et à leur défaut, par la garde nationale
sédentaire.

7. Le préfet donnera les consignes particu-
lières à cette garde.

8. Le mot d'ordre lui sera porté chaque
jour par un sergent.

9. Les sentinelles lui porteront les armes
dans toute l'étendue du département, lorsqu'il
passera revêtu de son costume.

10. Quand il sortira de la préfecture, sa
garde prendra et portera les armes.

11. Lors des fêtes et cérémonies publiques,
une garde d'honneur, composée de trente
hommes de troupes de ligne, commandée par
un officier, accompagnera le préfet, de la
préfecture au lieu de la cérémonie, et l'y re-
conduira.

12. A défaut de troupes de ligne, le capitaine de gendarmerie sera tenu de fournir
au préfet, sur sa réquisition, une escorte de
deux brigades au moins, commandée par un
officier.

13. Lorsque le préfet, accompagné du cor-

tége ci-dessus, passera à portée d'un corps-de-
garde, les troupes prendront et porteront les
armes; le tambour sera prêt à battre.

14. Il lui sera fait des visites de corps.

### SECTION II. — *Honneurs civils.*

15. Le préfet arrivant pour la première
fois dans le chef-lieu de son département, sera
reçu à la porte de la ville par le maire et ses
adjoints, accompagnés d'un détachement de
gendarmerie, commandé par le capitaine.
Cette escorte le conduira à son hôtel, où il
sera attendu par le conseil de préfecture et le
secrétaire-général, qui le complimenteront.

16. Il sera visité, aussitôt après son arrivée,
par les autorités nommées après lui dans l'article des préséances. Il rendra ces visites dans
les vingt-quatre heures. Il recevra aussi les
autres fonctionnaires intérieurs qui viendront
le complimenter.

17. Il fera, dans les vingt-quatre heures,
une visite au général-commandant la division
militaire et au premier président de la cour
d'appel, qui la lui rendront dans les vingt-

quatre heures suivantes. Il visitera aussi, s'il en existe, les autres autorités ou personnes placées avant lui dans l'ordre des préséances.

18. Lors de sa première tournée dans chaque arrondissement du département, il lui sera rendu les mêmes honneurs dans les chefs-lieux d'arrondissement. Il rendra les visites aux présidents des tribunaux, au maire et au commandant d'armes, dans les vingt-quatre heures.

19. Les sous-préfets, arrivant dans le chef-lieu de leur sous-préfecture, seront attendus dans leur demeure, par le maire, qui les complimentera. Ils recevront la visite des chefs des autorités dénommées après eux, et les rendront dans les vingt-quatre heures.

S'il existe, dans le chef-lieu de la sous-préfecture, des autorités dénommées avant eux, ils leur feront une visite dans les vingt-quatre heures de leur arrivée; ces visites leur seront rendues dans les vingt-quatre heures suivantes.

# TITRE XVIII.

## *Les commandants d'armes.*

**SECTION PREMIÈRE.** — *Honneurs militaires.*

### ARTICLE PREMIER.

Les commandants d'armes auront à la porte de leur logis, une sentinelle tirée du corps-de-garde le plus voisin, et des compagnies de fusilliers, s'ils ne sont pas officiers–généraux ; s'ils le sont, la sentinelle sera tirée des grenadiers.

2. Les postes, à leur passage, sortiront et se mettront en bataille, se reposant sur les armes.

3. Les postes de cavalerie monteront à cheval, mais ne mettront point le sabre à la main.

4. Ils prendront le mot d'ordre du ministre de la guerre, des maréchaux d'empire et des officiers-généraux, dans les cas prévus par le présent décret, et le donneront dans toutes les autres circonstances.

4

5. Les sentinelles leur présenteront les armes

6. Il leur sera fait des visites de corps par les troupes qui arriveront dans la place ou qui y passeront.

7. Quand bien même ils seraient officiers-généraux, ils ne recevront que les honneurs fixés ci-dessus.

8. Les sentinelles porteront les armes aux adjudants de place.

### SECTION II. — *Honneurs civils.*

9. Les commandants d'armes, à leur arrivée dans la ville où ils commandent, feront la première visite aux autorités supérieures, et recevront celles des autorités inférieures.

Toutes ces visites seront faites dans les vingt-quatre heures, et rendues dans les vingt-quatre heures suivantes.

# TITRE IX.

## *Les Archevêques et Évêques.*

**SECTION PREMIÈRE.** — *Honneurs militaires.*

### ARTICLE PREMIER.

Lorsque les archevêques et évêques feront leur première entrée dans la ville de leur résidence, la garnison, d'après les ordres du ministre de la guerre, sera en bataille sur les places que l'évêque ou l'archevêque devra traverser.

Cinquante hommes de cavalerie iront au-devant d'eux jusqu'à un quart de lieue de la place.

Ils auront, le jour de leur arrivée, l'archevêque, une garde de quarante hommes, commandée par un officier; et l'évêque une garde de trente hommes, aussi commandée par un officier; ces gardes seront placées après leur arrivée.

2. Il sera tiré cinq coups de canon à leur arrivée, et autant à leur sortie.

3. Si l'évêque est cardinal, il sera salué de 12 volées de canon, et il aura, le jour de

son entrée, une garde de cinquante hommes avec un drapeau commandée par un capitaine, lieutenant ou sous-lieutenant.

4. Les cardinaux, archevêques ou évêques, auront habituellement une sentinelle tirée du corps-de-garde le plus voisin.

5. Les sentinelles leur présenteront les armes.

6. Il leur sera fait des visites de corps.

7. Toutes les fois qu'ils passeront devant des postes, gardes ou piquets, les troupes se mettront sous les armes, les postes de cavalerie monteront à cheval, les sentinelles présenteront les armes, les tambours et trompettes rappelleront.

8. Il ne sera rendu des honneurs militaires aux cardinaux qui ne seront en France ni archevêques ni évêques, qu'en vertu d'un ordre spécial du ministre de la guerre, qui détermine les honneurs à leur rendre.

### SECTION II. — *Honneurs civils.*

9. Il ne sera rendu les honneurs civils aux cardinaux qui ne seront en France ni arche-

vèques ni évêques qu'en vertu d'un ordre spécial, lequel déterminera pour chacun d'eux
les honneurs qui devront lui être rendus.

10. Les archevêques ou évêques qui seront cardinaux, recevront, lors de leur installation, les honneurs rendus aux grands-
officiers de l'empire ; ceux qui ne le seront
point, recevront ceux rendus aux sénateurs.

Lorsqu'ils rentreront après une absence
d'un an et un jour, ils seront visités chacun
par les autorités inférieures, auxquelles ils
rendront la visite dans les vingt-qautre heures
suivantes : eux-mèmes visiteront les autorités
supérieures dans les vingt-quatre heures de
leur arrivée, et leur visite leur sera rendue
dans les vingt-quatre heures suivantes.

## TIERE XX.
### *Des Cours de Justice.*

**SECTION PREMIÈRE.** — *Honneurs militaires.*

#### ARTICLE PREMIER.

Lorsque la cour de cassation se rendra en
corps prés sa Majesté, ou à úne cérémonie

publique, il lui sera donné une garde d'honneur composée de quatre-vingts hommes,
commandée par un officier supérieur. Les
postes devant lesquels cette cour passera avec
son escorte, présenteront les armes, et les
tambours rappelleront.

2. Lorsqu'une cour d'appel se rendra à une
fête ou cérémonie publique, il lui sera donné
une garde d'honneur de cinquante hommes,
commandée par un capitaine et un lieutenant.

3. Il sera donné une escorte de vingt-cinq
hommes, dans les mêmes circonstances, à
une cour criminelle. Cette garde sera commandée par un lieutenant.

4. Il sera donné à un tribunal de première
instance une garde de quinze hommes, commandée par un sergent.

5. Même garde de quinze hommes sera
donnée à une municipalité en corps, d'une
ville au-dessus de cinq mille âmes, se ren-
dant à une fête ou cérémonie publique. Il en
sera fourni une de cinq hommes à une municipalité des lieux au-dessous de cinq mille
âmes.

6. Les gardes devant lesquelles passeront

les corps dénommés dans le présent titre , prendront les armes, les porteront pour la cour d'appel, et se reposeront dessus pour les cours de justice criminelle, de première instance et les municipalités.

7. Les tambours rappelleront pour les cours d'appel, et seront prêts à battre pour les autres cours judiciaires et pour les municipalités.

8. A défaut de troupes de ligne, les capi-taines de gendarmerie prendront des mesures pour fournir aux cours d'appel deux brigades d'escorte, une aux cours de justice criminelle, et deux gendarmes aux cours de première instance.

### SECTION II. — *Honneurs civils.*

9. Lorsque le premier président de la cour de cassation sera installé, toutes les cours et tous les tribunaux de la ville où résidera ladite cour de cassation, iront le complimenter. La cour d'appel, par une députation du premier président, du procureur-général et de quatre juges, les autres cours et tribunaux, par une députation composée de la moitié de chaque cour ou tribunal.

Il recevra aussi les félicitations du préfet conseiller-d'état, et de tous les fonctionnaires dénommés après ce préfet.

Il rendra les visites dans les vingt-quatre heures, et il fera, dans le même laps de temps, des visites à toutes les personnes dénommées avant le préfet conseiller-d'état.

10. Les premiers présidents des autres cours et tribunaux, recevront, lors de leur installation, les visites des autorités nommées après eux, et résidantes dans la même ville : ces visites seront faites dans les vingt-quatre heures de leur installation, et rendues dans les vingt-quatre heures suivantes. Lesdits présidents iront, dans les premières vingt-quatre heures de leur installation, visiter les autorités supérieures en la personne de leurs chefs : ceux-ci les leur rendront dans les vingt-quatre heures suivantes.

## TITRE XXI.

### *Les Officiers avec troupes.*

**ARTICLE PREMIER.**

Les sentinelles de tous les corps présenteront les armes à tous les colonels.

2. A leur arrivée, les officiers de leur régiment se rassembleront, en grande tenue, pour leur faire une visite de corps.

3. Ils auront une sentinelle à la porte de leur logis tout le temps de leur séjour à leur régiment.

4. A leur passage, la garde de police de leur régiment sortira sans armes.

5. Les sentinelles de leur corps présenteront les armes aux majors, chefs de bataillon et d'escadron. Quand ils commanderont le régiment, ils jouiront des mêmes honneurs que le colonel.

6. Les sentinelles de tous les corps porteront les armes à tous les capitaines, lieutenants et sous-lieutenants de tous les corps et de toutes les armes.

## TITRE XXII.

*Les Inspecteurs aux revues.*

------

### ARTICLE PREMIER.

Les inspecteurs en chef aux revues, lorsqu'ils seront en tournée dans leur arrondissement, ou en mission particulière, auront, à la porte de leur logis, une sentinelle tirée du corps-de-garde le plus voisin, laquelle sera placée aussitôt après leur arrivée.

Les sentinelles leur présenteront les armes.

2. Tant qu'ils seront dans l'exercice de leurs fonctions, le mot d'ordre leur sera porté par un sergent.

3. Il leur sera fait des visites de corps.

4. Les sentinelles porteront les armes aux inspecteurs.

5. Le mot d'ordre leur sera porté par un sergent.

6. Les sentinelles porteront les armes aux sous-inspecteurs.

## TITRE XXIII.

### *Les Commissaires des guerres.*

#### ARTICLE PREMIER.

Le commissaire-général d'une armée, et les commissaires-ordonnateurs en chef, auront à la porte de leur logis, une sentinelle qui, ainsi que toutes les autres sentinelles, leur présentera les armes.

2. Le mot d'ordre leur sera porté par un sergent.

3. Il leur sera fait des visites de corps.

4. Les commissaires–ordonnateurs employés auront une sentinelle à la porte du lieu où se tiendra leur bureau, pour le jour seulement.

5. Les sentinelles leur porteront les armes.

6. Le mot d'ordre leur sera porté par un sergent.

7. Les sentinelles porteront les armes aux commissaires des guerres.

## TITRE XXIV.

*Gardes et Piquets.*

### ARTICLE PREMIER.

Les officiers et soldats de piquets sortiront sans armes pour les officiers–généraux qui seront de jour.

2. Les gardes de la tête du camp prendront les armes pour les princes, grands dignitaires et officiers de l'empire, pour le commandant de l'armée et d'un corps d'armée.

Les tambours battront aussi aux champs.

3. Lesdites gardes de la tête du camp se mettront sous les armes et en haie pour les généraux de division et généraux de brigades employés ; mais les tambours ne battront pas.

4. Les postes qui seront autour de l'armée rendront les mêmes honneurs.

## TITRE XXV.

*Disposition générales.*

### ARTICLE PREMIER.

A sa Majesté l'EMPEREUR seul, est réservé le droit d'avoir deux vedettes à la porte de son palais.

Il en 'sera accordé une aux colonels-généraux des troupes à cheval, lorsqu'il y aura dans la place un régiment de leur arme.

2. Les détachements et postes destinés à la garde de sa Majesté, ne prennent les armes pour rendre des honneurs militaires qu'à sa Majesté elle-même, ou aux personnes à qui elle a accordé ou accordera cette prérogative.

3. On ne rendra point d'honneurs après la retraite ni avant la diane.

4. Les gardes d'honneurs ne rendront des honneurs militaires qu'aux personnes supérieures ou égales en grade ou en dignité à celles près desquelles elles seront placées; et alors les honneurs restent les mêmes.

5. Les honneurs militaires ne se cumulent point; on ne reçoit que ceux affectés à la dignité ou grade supérieur.

6. Les officiers-généraux qui ne commandent que par *interim*, ou que pendant l'absence des commandants titulaires, n'ont droit qu'aux honneurs militaires de leur grade et de leur emploi.

7. Les gardes ou troupes quelconques qui se rencontreront en route, se céderont mutuellement la droite.

8. Dans le cas où les garnisons ne seront pas assez nombreuses pour fournir des gardes aux officiers généraux employés qui se trouveront dans la place, ou lorsque lesdits officiers-généraux jugeront à propos de ne pas conserver leur garde en entier, on mettra seulement des sentinelles à la porte de leur logis, savoir : deux sentinelles tirées des gre-

nadiers, à la porte d'un général de division, et deux, tirées des fusiliers, à la porte d'un général de brigade.

Le nombre d'hommes nécessaire pour fournir ces sentinelles sera placé dans le corps-de-garde le plus voisin du logement où ces sentinelles devront être posées.

9. Les troupes qui passeront dans les places, ou qui n'y séjourneront qu'un ou deux jours, ne seront point tenues d'y fournir une garde d'honneur.

10. A défaut d'infanterie, la cavalerie fournira les différents postes et sentinelles à pied.

11. Les troupes ne fourniront, dans aucun cas, des sentinelles d'honneur que celles ci-dessus nommées.

12. Pour les visites de corps en grande tenue, les officiers d'infanterie seront en baudrier, hausse-col et bottes.

Les officiers de troupes à cheval, en bottes, sabre, casque ou schakos.

Pour les visites de corps non en grande tenue, les officiers d'infanterie seront sans hausse-col; et ceux des troupes à cheval porteront, au lieu de casque ou schakos, leur chapeau ordinaire.

13. Le mot d'ordre sera toujours donné par la personne du grade le plus élevé.

14. Défend sa Majesté impériale à tout fonctionnaire ou autorité publique, d'exiger qu'on lui rende d'autres honneurs que ceux qui viennent d'être attribués à sa dignité, corps ou grade, et à tout fonctionnaire civil et militaire, de rendre à qui que ce soit au-delà de ce qui est prescrit ci-dessus.

## TITRE XXVI.

### *Des honneurs funèbres.*

**SECTION PREMIÈRE.** — *Des honneurs funèbres militaires.*

#### ARTICLE PREMIER.

Il sera rendu les honneurs funèbres par les troupes aux personnes désignées dans les titres V, VI, VII et VIII des honneurs militaires ; il en sera rendu aux militaires de tous les grades ; il en sera rendu aux sénateurs morts dans leur sénatorerie ; aux conseillers-d'états morts dans le cours de leur mission ; aux sénateurs et conseillers-d'état ; aux membres du tribunat et du corps législatif morts dans l'exercice de leurs fonctions et dans la ville où leurs corps respectifs tiendront leurs séances ; à tous les membres de la légion d'honneur, et aux préfets dans leur département.

La totalité de la garnison assistera au convoi de toutes les personnes ci-dessus désignées, pour l'entrée d'honneur desquelles elle se fût mise sous les armes.

Pour les autres, il n'assistera que des détachements, dont la force et le nombre seront déterminés ci-après :

Pour un général de division employé, la la moitié de la garnison prendra les armes ; pour un général de brigade employé, le tiers de la garnison prendra les armes.

Pour un général de division en non activité, le tiers de la garnison prendra les armes ; pour un général de brigade en non activité, le quart de la garnison.

Pour un général de division en retraite ou

réforme, le quart de la garnison; pour un général de brigade en retraite ou réforme, le cinquième.

Dans aucun cas, il n'y aura néanmoins au-dessous de deux cents hommes au convoi des généraux de division, et de cent cinquante au convoi des généraux de brigade.

Pour tout sénateur qui mourra dans la ville où le sénat tiendra ses séances; pour tout conseiller d'état mort dans l'exercice de ses fonctions et dans la ville ou siégera le conseil d'état; pour tout tribun et membre du corps législatif qui décédera pendant la session législative et dans la ville ou leurs corps respectifs seront réunis, la garnison fournira quatre détachements de cinquante hommes, commandés chacun par un capitaine et un lieutenant. Les quatre détachements seront aux ordres d'un chef de bataillon ou d'escadron.

Pour un adjudant-commandant en activité, quatre détachements.

En non activité, trois détachements.

En retraite ou réforme, deux.

5*

Pour les gouverneurs, la totalité de la garnison.

Pour les commandants d'armes, la moitié.

Pour les adjudants de place, un détachement.

Pour les inspecteurs en chef aux revues, quatre détachements.

Pour les inspecteurs, trois.

Pour les sous-inspecteurs, deux.

Pour les ordonnateurs en chef, quatre.

Pour les ordonnateurs, trois.

Pour les commissaires des guerres, deux.

Si les inspecteurs ou commissaires des guerres ne sont point en activité; il y aura dans chaque grade un détachement de moins.

3. Les colonels seront traités comme les adjudants-commandants.

Les majors en activité, deux détachements.

En retraite ou réforme, un détachement.

Les chefs de bataillon et d'escadron seront traités comme les majors.

Les capitaines, en activité, retraite ou réforme, auront un détachement.

Les lieutenants ou sous-lieutenants, un demi-détachement.

Les sous-officiers, un quart de détachement.

Les caporaux et brigadiers, un huitième de détachement.

Les grands-officiers de la légion-d'honneur, comme les généraux de division employés.

Les commandants, comme les colonels.

Les officiers, comme les capitaines.

Les légionnaires, comme les lieutenants.

4. Les troupes qui marcheront pour rendre des honneurs funèbres, seront commandées, lorsque la garnison entière prendra les armes, par l'officier général ou supérieur du grade le plus élevé, ou le plus ancien dans le grade le plus élevé, employé dans la garnison.

Quand il n'y aura qu'une partie déterminée de la garnison qui marchera, les troupes seront commandées par un officier du même grade que celui à qui on rendra les honneurs funèbres.

Quand il ne marchera que des détachements , quatre seront commandées par un colonel, trois par un major , deux par un chef de bataillon ou d'escadron , un par un capitaine , un demi par un lieutenant , un quart par un sergent ou maréchal-des-logis , un huitième par un caporal ou brigadier.

5. L'infanterie fournira, autant que faire se pourra, les détachements pour les convois funèbres ; à défaut d'infanterie , ils seront fournis par les troupes à cheval.

6. Chaque corps fournira proportionnellement à sa force, et les individus seront pris proportionnellement dans chaque compagnie.

7. La cavalerie marchera toujours à pied pour rendre les honneurs funèbres.

8. Pour les colonels qui mourront sous leurs drapeaux , le régiment entier marchera en corps au convoi.

Pour les majors, la moitié du corps avec deux drapeaux ou étendards.

Pour les chefs de bataillon ou d'escadron, leur bataillon ou escadron , avec son drapeau ou étendard.

Pour un capitaine, sa compagnie.

Pour un lieutenant ou sous-lieutenant, son peloton.

Les dispositions du présent article sont indépendantes de celles prescrites article 3.

9. Les troupes qui seront commandées, feront trois décharges de leurs armes ; la première, au moment ou le convoi sortira de l'endroit où le corps était déposé ; la seconde au moment où le corps arrivera au cimetière ; la troisième, après l'enterrement, en défilant devant la fosse.

La poudre sera fournie par les magasins de l'état.

10. Les sous-officiers et soldats porteront l'arme, la platine sous le bras gauche.

11. On tirera, pour les princes et grands dignitaires, un coup de canon de demi-heure en demi-heure, depuis leur mort jusqu'au moment du départ du convoi.

D'heure en heure pour les ministres et les grands-officiers.

Pour tout les autres fonctionnaires, on tirera, pendant le temps de leur exposition, autant de coups de canon qui leur en est accordé pour leur entrée d'honneur.

Il en sera de plus tiré, au moment où le corps sera mis en terre, trois décharges de canon, chacune égale à celle qui leur est attribuée pour les honneurs militaires.

12. Les coins du poële seront portés par quatre personnes du rang ou grade égal à celui du mort, ou, à défaut, par quatre personnes du rang ou grade inférieur.

13. Il sera mis des crêpes aux drapeaux, étendards ou guidons qui marcheront aux convois; les tambours seront couverts de serge noire; il sera mis des sourdines et des crêpes aux tambours.

Les frais de funérailles seront faits par l'état pour tout individu mort sur le champ de bataille, ou dans les trois mois et des suites des blessures qu'il aura reçues.

14. Les crêpes ne resteront un an au drapeaux que pour sa Majesté. Pour le colonel du corps, ils y resteront jusqu'à son remplacement.

15. Tous les officiers porteront le deuil de

leur colonel pendant un mois ; il consistera en un crêpe à l'épée. Les deuils de famille ne seront portés qu'au bras gauche.

SECTION II. — *Honneurs funèbres civils.*

16. Lorsqu'une des personnes désignées dans l'article premier du titre premier, mourra toutes les personnes qui occuperont, dans l'ordre des préséances, un rang inférieur à celui du mort, assisteront à son convoi, et occuperont entre elles l'ordre prescrit par le susdit article.

Si des personnes qui occupent un rang supérieur dans l'ordre des préséances, veulent assister au convoi d'un fonctionnaire décédé, et qu'elles soient revêtues de leur costume, elles marcheront dans le rang qui leur est fixé par ledit article.

Les corps assisteront en totalité au convoi des princes, des grands dignitaires, des ministres, des grands-officiers de l'empire, des sénateurs dans leur sénatorerie, et des conseillers d'état en mission ; pour les autres, ils y assisteront par une députation.

17. Les ministres sont, chacun en ce qui le concerne, chargés de l'exécution du présent décret, qui sera inséré au Bulletin des lois.

*Signé* **NAPOLÉON**.

Par l'Empereur,

*Le Secrétaire-d'État*, signé H. B. Maret.

# TABLE

# DES CHAPITRES.

**FIN.**

# OUVRAGES

QUI SE TROUVENT

## A LA LIBRAIRIE MILITAIRE

## DE VERRONNAIS,

A METZ.

---

**MANUEL DES SOUS-OFFICIERS ET CAPORAUX DES CORPS D'INFANTERIE**; 9.ᵉ édition, à laquelle on a fait de nouvelles corrections et additions; ouvrage adopté par une grande partie des régiments d'infanterie, du génie, d'infanterie de marine, et des zouaves, pour l'instruction des sous-officiers et caporaux; 1 vol. in-18 de 700 pages, avec un grand nombre de planches, prix : 2 fr. broché, et 2 fr. 25 c. cartonné.

ÉDITIONS DU FORMAT IN-32, DITES EN MINIATURE.

ÉCOLES DU SOLDAT ET DE PELOTON; 1 vol. broché, sans planches, 50 c.

ÉCOLE DE BATAILLON; 1 vol. broché, sans planches, 75 c.

ÉVOLUTIONS DE LIGNE; 1 vol. broché, sans planches, 75 c.

ÉVOLUTIONS DE LIGNE, d'après l'Ordonnance du 4 mars 1831, plus intelligibles que l'Ordonnance par un Colonel d'infanterie; 1 vol. broché, 40 c.

FONCTIONS DES GUIDES DANS LES MANOEUVRES, d'après l'Ordonnance d'Infanterie du 4 mars 1831, à l'usage des Sous-Officiers, 30 c.

6*

**MODIFICATIONS AUX ORDONNANCES** du 2 novembre 1833, sur le Service intérieur des Troupes d'Infanterie et de Cavalerie, du 15 juillet 1835, 20 c.

**ORDONNANCE DU ROI** du 9 décembre 1840, portant rectification de différents articles de l'Ordonnance sur le Service des Armées en campagne, modifiée par celle du 8 avril 1837, 30 c.

**ORDONNANCE POUR RÉGLER LE SERVICE DANS LES PLACES ET DANS LES QUARTIERS,** du 1.<sup>er</sup> mars 1768 ; collationnée sur l'édition originale ; suivie du Décret du 24 décembre 1811, sur les États-Majors des places ; 1 volume, 1 fr. 50 c.

**ORDONNANCE DU 2 NOVEMBRE 1833, SUR LE SERVICE INTERIEUR DE L'INFANTERIE,** avec les modèles, 1 fr.

*Idem*, cartonné, 1 fr. 25 c.

*Idem*, en basane, 1 fr. 50 c.

**ORDONNANCE DU ROI SUR L'EXERCICE ET LES MANOEUVRES DE L'INFANTERIE,** du 4 mars 1831 ; 3 vol. in-32 cartonnés, beau caractère et planches ; étui, 5 fr.

*Idem*, 3 vol. in-32 reliés en basane, étui, 6 fr.

*La même Ordonnance*, précédée de l'Instruction pour les marches militaires, contenant les Écoles du Soldat, de Peloton, de Bataillon, et les Évolutions de ligne ; 1 vol. broché, sans planches, 2 fr. 50 c.

*La même Ordonnance*, reliée en basane propre, 3 fr. 50 c.

**ORDONNANCE DU ROI SUR LE SERVICE DES ARMÉES EN CAMPAGNE,** du 3 mai 1821, modifiée par l'Ordonnance du 9 décembre 1840, en ce qui concerne les articles 9, 10, 11, 33, 111, 198 et 202, et celle du 18 février 1844 ; 1 vol. broché avec 3 planches, 1 fr.

*Idem*, sans planches, 75 c.

Relié en basane, 50 c. de plus par volume.

**EXTRAIT DE LADITE ORDONNANCE**, pour les Sous-Officiers et Caporaux , 25 c.

**EXTRAIT DE L'ORDONNANCE SUR LE SERVICE DES ARMÉES EN CAMPAGNE**, à l'usage des Sous-Officiers, Caporaux et Brigadiers ; 1 vol., 30 c.

**EXTRAIT DE L'ORDONNANCE DE 1768**, concernant le Service de l'Infanterie dans les Places ; à l'usage des Sous-Officiers et Caporaux , avec des rectifications , 25 c.

**RÈGLEMENT SUR LE SERVICE DU CASERNEMENT DES TROUPES**, du 17 août 1824 , 1 fr.

**RÈGLEMENT POUR LES ÉCOLES RÉGIMENTAIRES**, du 28 décembre 1835 , 1 fr.

### DIVERS FORMATS.

**LIVRET DE COMMANDEMENTS, OU TABLEAUX SYNOPTIQUES DE L'ORDONNANCE D'INFANTERIE**, du 4 mars 1831, renfermant tous les mouvements indiqués dans cette Ordonnance ; 1 vol. in-8.º, 5 fr.

**LIVRET DE L'OFFICIER DE SECTION** , de 54 feuillets, avec plusieurs Instructions et Tarifs de Solde ; in-32 écu couronne, couvert en percaline, poche, 2 feuillets vraie peau d'âne, fermé par un crayon, *très-propre*, 1 fr. 50 c.

**LIVRET POUR LES SERGENTS** , de 44 feuillets, cartonné, 2 feuillets vraie peau d'âne, fermé par un crayon, poche, couvert en percaline, 1 fr.

*Idem*, sans peau d'âne ni crayon, 75 c.

**LIVRET POUR LES CAPORAUX** , broché, 30 c.

*Idem*,        idem,        cartonné, 40 c.

*Idem*,        idem,        relié ,     peau d'âne, poche, fermé par un crayon, 75 c.

**MANUEL DES SOUS-OFFICIERS ET CAPORAUX**, à l'usage des Chasseurs à pied, contenant : l'Ordonnance du Roi, du 22 juillet 1845 , sur l'Exercice et les Ma-

nœuvres des Bataillons de Chasseurs à pied ; l'Instruction pour les Tirailleurs ; l'Instruction théorique sur les Fonctions des Guides dans les Manœuvres ; le Tarif des Réparations des Armes, l'Extrait du Règlement du 2 février 1845, sur la Conservation et l'Entretien des Armes ; l'Instruction provisoire sur la Nomenclature, l'Entretien et le Tir des Carabines des Chasseurs à pied, de 1841 ; 1 vol. in-18 avec planches, 1 fr.

**NOUVEAU GUIDE DE L'OFFICIER D'INFANTERIE EN CAMPAGNE**, divisé en deux parties, avec les Fortifications passagères ; accompagné d'une Table très-détaillée, avec 15 planches renfermant 55 figures ; par *Paban*, Chef de bataillon, 2.ᵉ édition, 2 fr. 50 c.

**ORDONNANCE DU ROI SUR L'EXERCICE ET LES MANOEUVRES DE L'INFANTERIE**, du 3 mars 1831 ; 3 volumes in-18 brochés, beau caractère, très-lisible, avec planches, 5 fr.

*Idem*, reliée en basane, 6 fr.

**INSTRUCTION THÉORIQUE SUR LES FONCTIONS DES GUIDES DANS LES MANOEUVRES**, rédigée pour les Sous-Officiers du 18.ᵉ léger ; in-18, 25 c.

**RÈGLEMENT SUR LA CONSERVATION ET L'ENTRETIEN DES ARMES DANS LES CORPS**, du 2 février 1845 ; un volume in-52 cartonné, ou in-18 broché, avec 48 planches, 1 fr. 25.

**ÉCOLE DU TIRAILLEUR, OU MANIEMENT DE LA BAIONNETTE**, appliquée aux Exercices et Manœuvres de l'Infanterie, ornée de 22 figures en taille-douce, par *J.-H. Pinette* ; 7.ᵉ édit. ; 1 vol. in-18, 75 c.

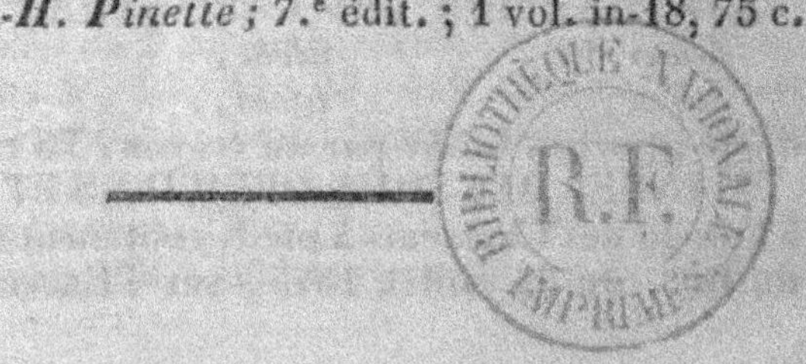

METZ. — IMPRIMERIE ET LITHOGRAPHIE DE VERRONNAIS.

www.ingramcontent.com/pod-product-compliance
Ingram Content Group UK Ltd.
Pitfield, Milton Keynes, MK11 3LW, UK
UKHW020342180726
13839UKWH00002B/873